BEI GRIN MACHT SICH IHR WISSEN BEZAHLT

- Wir veröffentlichen Ihre Hausarbeit,
  Bachelor- und Masterarbeit

- Ihr eigenes eBook und Buch -
  weltweit in allen wichtigen Shops

- Verdienen Sie an jedem Verkauf

Jetzt bei www.GRIN.com hochladen und kostenlos publizieren

Bibliografische Information der Deutschen Nationalbibliothek:

Die Deutsche Bibliothek verzeichnet diese Publikation in der Deutschen National-bibliografie; detaillierte bibliografische Daten sind im Internet über http://dnb.d-nb.de/ abrufbar.

Impressum:

Copyright © 2016 GRIN Verlag, Open Publishing GmbH
Druck und Bindung: Books on Demand GmbH, Norderstedt Germany
ISBN: 9783668493094

Dieses Buch bei GRIN:

http://www.grin.com/de/e-book/358116/inwieweit-hat-die-beschaeftigungsdauer-einen-einfluss-auf-das-stressempfinden

Nadine Rannow

Inwieweit hat die Beschäftigungsdauer einen Einfluss auf das Stressempfinden?

Homöostasemodell, allgemeines Adaptionssyndrom und Belastungs-Beanspruchungs-Modell

GRIN Verlag

Europäische Fernhochschule Hamburg

Studiengang
Betriebswirtschaftslehre & Wirtschaftspsychologie

Inwieweit hat die Beschäftigungsdauer eine Einfluss auf das Stressempfinden
Abschließende Hausarbeit des Moduls
Forschungsmethoden und Statistik

Eingereicht am 28.01.2016 von
Nadine Rannow

Inhaltsverzeichnis

Tabellen- und Abbildungsverzeichnis

I Zusammenfassung

Die folgende Studie untersucht in zwei Gruppen ob die Beschäftigungsdauer einen Einfluss auf die Fluktuation in diesem Marketingunternehmen hat. Des Weiteren wird untersucht, ob das Stressempfinden der Mitarbeiter anhand ihrer Beschäftigungsdauer messbar ist.

Zu diesem Zweck wurden die Personen des Unternehmens in zwei gleich große Gruppen unterteilt und der ACTH Spiegel gemessen. Anhand des ACTH Normalwertes konnten einige statistische Verfahren, wie der Signifikanztest, die Berechnung der deskriptiven Werte und der Konfidenzintervalle durchgeführt werden. Diese Verfahren sollen als Basis für die Untersuchung dienen.

Die folgende Hausarbeit beginnt mit dem theoretischen Teil, der Definition von Stress und der Darstellung von drei Stressmodellen. In den nachfolgenden Seiten wurden mithilfe der Formulierung von Thesen über die Beschäftigungsdauer und dem Stressempfinden einige Berechnungen durchgeführt. Das Augenmerk liegt hierbei auf dem Signifikanztest, der durch den Chi-Quadrat-Unabhängigkeits-Test durchgeführt wurde. Die deskriptiven Werte und die Konfidenzintervalle konnten weitere Schlüsse zur Eingangsfrage beantworten.

Abschließend wurden die Ergebnisse schriftlich dargestellt und die Untersuchung diskutiert. Es wurden Maßnahmen dargestellt, die weitere Untersuchungen in diesem Bereichen eventuell vereinfachen könnten und um das zukünftige Ergebnis deutlicher werden zu lassen.

II Einführung und Hypothesen

Stress wird mehr und mehr zunehmend auch zu einem betriebswirtschaftlichen Problem. Viele Berufstätige fühlen sich überlastet und sind dem Stress nicht mehr gewachsen. Laut einer Studie der Techniker Krankenkasse und dem F.A.Z.-Institut empfinden acht von zehn Personen ihr Leben als stressig. Jeder dritte steht mittlerweile unter Dauerdruck und jeder fünfte Mitarbeiter leidet unter gesundheitlichen Stressfolgen. (Frankfurter Allgemeine Zeitung, Martin-Niels Däfler, 24.02.2015).

Das Burn-Out Syndrom zählt längst zur Volkskrankheit. Stress wird dann kritisch, wenn nicht nur einzelne Mitarbeiter, sondern der Stress zu einem Dauerzustand für einen wachsenden Anteil der Belegschaft wird.

Die vorliegende Untersuchung erforscht, ob und inwieweit die Beschäftigungsdauer einen Einfluss auf das Stressempfinden hat.

Anhand der Definition von Stress und durch drei ausgewählte Stressmodelle soll gezeigt werden, welche Folgen Arbeitnehmer durch Stress erfahren können. Dazu werden Begründungen beschrieben, dass Fluktuation durch Stress hervorgerufen werden kann.

2.1 Definition Stress

Stress (engl. Druck, Anspannung) ist ein biologischer Prozess, der im Körper Veränderungen hervorruft, um den durch verschiedene Einflüsse erhöhten Ansprüchen, zu bewältigen (vgl. Süss-Lindert, 1995, S. 16). Viele Menschen beschreiben Stress als eine Art von Hintergrundrauschen bei täglicher Erfahrung. Stress findet lediglich im Kopf statt und wird durch die eigene Angst hervorgerufen etwas nicht zu schaffen. Der Körper befindet sich bei Stress in einem Zustand der Alarmbereitschaft, bei dem er sich auf eine erhöhte Leistungsbereitschaft einstellt. Es ist ein Reaktionsmuster des Organismus auf Stimulusereignisse, die dessen Gleichgewicht stören. Diese Stimulusereignisse werden auch Stressoren genannt. Der Stressor ist ein Ereignis, dass von einem Organismus eine Art von Anpassungsreaktion erfordert.

Der Grund für Stress ist das Auftreten von ungewohnten und belastenden Situationen, die durch Stressoren den Organismus zum psychischen und physiologischen Reagieren animieren. Stress kann sowohl durch positive als auch durch negative Ereignissen entstehen. Die Wurzel vom Stress ist meist eine Veränderung und das Bedürfnis, sich an die Umgebung und an die sozialen Anforderung anzupassen (Gerrig, Richard J. & Zimbardo, Philip G., Pychologie, 2008). Stress gehört zum Leben dazu, denn ein stressfreies Leben würde keine Herausforderungen bieten. Ein Individuum würde keine Schwierigkeiten erleben, die es zu überwinden gäbe und es würde auch keine neuen Bereiche lernen, bei denen etwas angeeignet werden kann. Es gäbe keine Gründe mehr, den Verstand zu schärfen oder die Fähigkeiten zu verbessern (Gerrig, Richard J. & Zimbardo, Philip G., Pychologie, 2008).

2.2 Stressmodelle

2.2.1 Das Homöostasemodell von Walter Cannon

Walter Cannon prägte den Begriff „fight-or-flight" durch seine Sichtweise auf Stress als das Ergebnis der Interaktion zwischen Umweltanforderungen und den Möglichkeiten zur Reaktion des Individuums. In seinem Modell ist der zentrale Begriff die Homöostase ein Prozess zur Aufrechterhaltung der körperinneren Stabilität. Das Resultat auf Stress und der mangelnden Wiederherstellung der Homöostase ist nach Cannons Modell die Krankheit, bzw. Erkrankung des Individuums.

2.2.2 Das allgemeine Adaptionssyndrom von Seyle

Hans Selye belegte seine Forschung aufgrund seiner Beobachtungen. Er gab an, dass Patienten mit erhöhtem Stressempfinden viele einheitliche Symptome aufweisen. Dazu zählt er z.b. eine belegte Zunge, Verlust des Appetits oder auch entzündete Mandeln. Sein Adaptionsmodell läuft in drei Phasen ab. Die erste Phase beschreibt er als „Alarmreaktion", hier wird das autonome Nervensystem aktiviert. In der zweiten Phase, die Phase des „Widerstands" versucht der Organismus sich dem Stress anzupassen und ihn gegebenenfalls zu bewältigen oder er reagiert unangemessen. Falls der Organismus ihn nicht bewältigen kann und der Stressor zu lange besteht beginnt Phase drei, die Phase der „Erschöpfung". Hier erleidet der Organismus dauerhafte Schädigungen (Gerrig, Richard J. & Zimbardo, Philip G., Pychologie, 2008).

2.2.3 Das Belastungs-Beanspruchungs-Modell

Das Belastungs-Beanspruchungs-Modell ist in der Wissenschaft ein sehr populäres Modell. Es geht davon aus, dass zahlreiche Belastungen bzw. Einflüsse von außen auf den Menschen einwirken und je nach Individuum zu kurzen oder langfristigen Beanspruchungsfolgen führen. Zu den arbeitsbedingten Belastungen zählen unter anderem Zeitdruck, Lärm, Schichtarbeit oder auch Konflikte mit den Arbeitskollegen. Diese Belastungen können das Arbeitsleben sowohl abwechslungsreich und herausfordernd machen, jedoch können sie auch beeinträchtigende Beanspruchungsfolgen aufweisen. Diese Belastungen können zu kurzfristiger Ermüdung und Gereiztheit und langfristig auch zu depressiven Störungen und psychosomatischen Erkrankungen führen. Ob es zu positiven oder negativen Beanspruchungsfolgen kommt, hängt natürlich von der Qualität der Belastung, als auch von den Bewältigungsfähigkeiten des Individuums ab. (vgl. Rohmert & Rutenfranz, 1975; Bamber, Busch & Ducki, 2003)

2.3 Hypothesen

Es werden zwei unabhängige Messungen an zwei Personengruppen vorgenommen. Daher werden Unterschiedshypothesen formuliert.

Beschäftigung

Forschungsfrage: Hat die Beschäftigungsdauer von Arbeitnehmern ein Einfluss auf deren Stressempfinden?

Es besteht die Annahme, dass die Personen, die noch nicht so lange in einem Unternehmen tätig sind eher zu Stress neigen als die Personen, die schon länger als fünf Jahre im Unternehmen arbeiten. Dies könnte zu Beginn an dem neuen Tätigkeitsumfeld liegen und daran, dass die Personen eine erhöhte Leistungsbereitschaft empfinden. Sie möchten den Vorgesetzten beweisen, dass es die richtige Entscheidung war, sie eingestellt zu haben. Des Weiteren kann es sein, dass sie schneller Stress erleiden, da sie ein Ziel – die Karriereleiter – vor Augen haben.
Die Nullhypothese lautet, dass es keinen Einfluss durch die Beschäftigungsdauer gibt.
Die Alternativhypothese lautet, dass es einen Einfluss durch die Beschäftigungsdauer gibt.

Stressempfinden

Forschungsfrage: Ist es noch normal, dass Personen die weniger als fünf Jahre in einem Unternehmen arbeiten mehr Stress empfinden?

Die Work-Life-Balance spielt heutzutage eine große Rolle bei Arbeitnehmern. Auch viele Unternehmen bauen mittlerweile darauf. Einige Unternehmen stellen Ihren Angestellten Fitnessangebote, Essensgutscheine oder Ähnliches zur Verfügung um einen Ausgleich zu schaffen. Leider ist es aber auch in vielen Unternehmen noch normal, dass Überstunden so hingenommen werden, Urlaubssperren verhängt werden und dem Arbeitnehmer keine Aussicht auf eine gute Work-Life-Balance geboten wird.

Die Nullhypothese sagt aus, dass es nicht normal ist, dass das Stressempfinden bei Personen die weniger als fünf Jahre in einem Unternehmen arbeiten, höher ist.

Die Alternativhypothese sagt aus, dass es normal ist, dass das Stressempfinden bei Personen die weniger als fünf Jahre in einem Unternehmen arbeiten, höher ist.

Bei den vorliegenden Hypothesen handelt es sich um sogenannte Unterschiedshypothesen. Sie beziehen sich auf einen Unterschied zwischen den beiden Gruppen bzw. zwischen den beiden Stichproben. Dieser Unterschied lässt sich durch den Mittelwert darstellen.

III Methoden

Diese vorliegende empirische Untersuchung kann als eine unabhängige Messung bezeichnet werden. Es gibt hier zwei Testgruppen („weniger lang" und „schon länger") bei denen unternehmenseigene Stichproben erhoben wurden. Diese Untersuchung ist ein Quasi-Experiment. Die Testpersonen werden nicht zufällig in Kontrollgruppen eingeteilt, sondern man untersucht hier natürlich existierende Gruppen.

Die unabhängige Variable (UV) in diesem Test ist die Beschäftigungsdauer, die abhängige Variable (AV) hier, ist das Stressempfinden der Mitarbeiter.

Diese Gruppen und die dazugehörigen Stichproben sind anhand der gleichen Anzahl der Testpersonen, des ähnlichen Niveaus und der wahrscheinlich ähnlichen Tätigkeit, gut miteinander vergleichbar.

Die Vorgesetzten des hier vorliegenden Marketingunternehmens haben beobachtet, dass es eine relativ hohe Fluktuation bei den eher neu eingestellten Personen gibt. Nun soll der verantwortliche Psychologe dieser mittelgroßen Marketingagentur diese Beobachtung weiter untersuchen. Es wird angenommen, dass das Stressempfinden bei den neu eingestellten Personen höher ist als bei den Personen, die schon länger als fünf Jahre im Unternehmen arbeiten.

Im Zuge der empirischen Untersuchung wurden die Mitarbeiter in zwei Gruppen eingeteilt:
- Gruppe 1 („weniger lang") – höchstens seit fünf Jahren im Unternehmen tätig
- Gruppe 2 („schon länger") – länger als fünf Jahre im Unternehmen tätig.

Um das Stressempfinden zu messen wurde der ACTH-Spiegel (Messung des Stresshormons in Nanogramm pro Liter ng/l) erhoben. Der durchschnittliche ACTH bei einem nicht oder normal gestressten Menschen liegt bei etwa 35 ng/l. Das ist der Normalwert.

Die erhobenen Rohdaten wurden in eine Excel Tabelle überführt und eine sogenannte Datenmatrix erzeugt. Jeder Mitarbeiter hat eine eigene ID zur Kennung, dazu eine jeweilige Spalte mit der Beschäftigungsdauer (0 – weniger lang, 1 – schon länger) und dem dazugehörigen ACTH Wert.

Um die jeweiligen Hypothesen zu testen, wird für die Variable des Stressempfindens ein Signifikanztest durchgeführt und für die Variable der Beschäftigungsdauer ein Konfidenzintervall erstellt.
Bei diesem Signifikanztest werden die Stichproben analysiert und versucht mit den darin erhobenen Daten auf die Eigenschaften der Grundgesamtheit zu schließen. Das Konfidenzintervall ist ein Bereich von Werten, der statistisch aus einer Stichprobe abgeleitet wurde und wahrscheinlich den Wert eines unbekannten Parameters der Grundgesamtheit umfasst. Hier soll mit einer bestimmten Wahrscheinlichkeit ausgesagt werden, inwiefern eine Größe einer Zufallsvariable x, sich innerhalb eines bestimmten Intervalls befindet.

IV Ergebnisse

4.1. Berechnung der deskriptiven Werte

In dieser empirischen Untersuchung wurden bei 60 Personen in einem Unternehmen der ACTH Spiegel gemessen. Die Personen wurden in zwei Gruppen eingeteilt. Dreißig Personen dieser Untersuchung arbeiten weniger als fünf Jahre in diesem Unternehmen, die anderen dreißig Personen arbeiten mehr als fünf Jahre in diesem Unternehmen. Es soll untersucht werden, inwieweit die Beschäftigungsdauer der Personen, einen Einfluss auf deren Stressempfinden hat. In dieser Strichprobe wurden die einzelnen ACTH Werte gemessen. Der Normalwert des ACTH liegt bei 35 ng/l. Für die Untersuchung wurden erst die Mittelwerte, der Median, die Modalwerte und die Standardabweichung je Gruppe untersucht. Diese Werte wurden, zur besseren Beschreibung, in einer Tabelle dargestellt.

Tabelle 1.4 Berechnungen der deskriptiven Werte anhand des ACTH

Beschäftigung 0	Mittelwert	Median	Modalwert	Varianz	Standardabweichung
ACTH	42,633333	44	50	62,96556	7,93508384

Beschäftigung 1	Mittelwert	Median	Modalwert	Varianz	Standardabweichung
ACTH	35,966667	36	28	48,56556	6,968899164

Die Berechnung vom Mittelwert, Median und vom Modalwert sind drei Berechnungen von Durchschnittswerten in einer Untersuchung. Der Mittelwert ist der allgemein bekannte Durchschnitt von statistischen Werten. Wie aus den Berechnungen erkennbar, liegt der Mittelwert der Gruppe 0 bei 42.6, in Gruppe 1 bei 35.9. Der Median ist der Wert, der in der Mitte liegt. Sortiert man die Werte nach Größe (beginnend mit dem kleinsten Wert), ist der Median die Zahl, die genau in der Mitte liegt. Ein Vorteil des Medians ist, dass er robust gegen Ausreißer ist. Das heißt, verändert man den kleinsten und den größten Wert, bleibt der Median dennoch gleich. In Gruppe 0 ist der Median 44, in Gruppe 1 ist er 36. Der Modalwert zeigt den häufigsten Wert einer Verteilung an, also den Wert mit der größten Wahrscheinlichkeit. In dieser Untersuchung liegt der am meisten gemessene Wert der Gruppe 0 bei 50, in Gruppe 1 bei 28. Des Weiteren wurde in dieser ersten Berechnung die Standardabweichung berechnet. Die Standardabweichung ist die durchschnittliche Entfernung aller gemessenen Ausprägungen eines Merkmals vom Durchschnitt. In dieser Untersuchung liegt die Standardabweichung in Gruppe 0 bei ca. 8 ng/l über und unter dem Mittelwert 42. Die gemessenen ACTH Werte liegen also zwischen 34 ng/l und 50 ng/l. in Gruppe 1 liegt die Standardabweichung bei ca. 7 ng/l über oder unter dem Mittelwert 36. Die gemessenen ACTH Werte liegen also zwischen 29 ng/l und 43 ng/l. Zur besseren Verständlichkeit der Mittelwerte, ausgehend vom Normalwert, wurden die Ergebnisse in der nachfolgenden Grafik dargestellt.

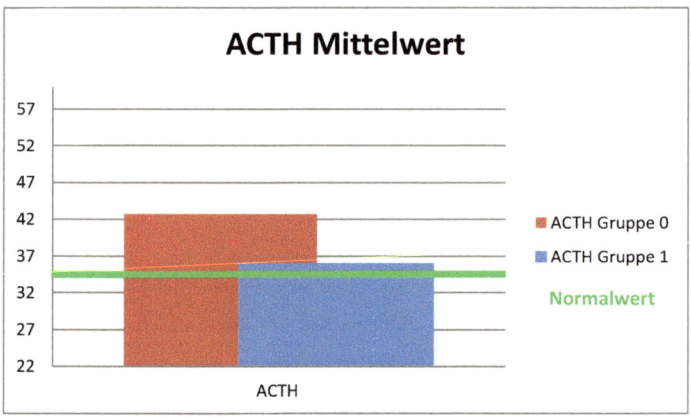

Abbildung 1.4 ACTH Mittelwert verglichen mit dem Normalwert

4.2 Signifikanztest anhand des Chi-Quadrat-Unabhängigkeitstest

Zur weiteren Untersuchung der aufgestellten Hypothesen wurde der Chi-Quadrat-Unabhängigkeitstest angewendet (X^2-Test). Es wird überprüft, ob zwei Merkmale voneinander unabhängig sind. Die jeweiligen Realisierungen liegen dabei als eine Kreuztabelle mit den jeweiligen Werten vor.

Tabelle 2.4   Kreuztabelle der empirischen Daten

	Empirische Daten		
	ACTH Spiegel höher als Normalwert 35 ng/l	ACTH Spiegel niedriger als Normalwert 35 ng/l	TOTAL
Gruppe 0	24	6	30
Gruppe 1	16	14	30
TOTAL	40	20	60

Damit die Hypothesen untersucht werden können, wird ein Signifikanzniveau festgelegt. Dieses Signifikanzniveau entspricht der Wahrscheinlichkeit, ob die Messgrößen durch Zufall zustande gekommen sind. Dieser Wert, auch Irrtumswahrscheinlichkeit genannt, wird als Alpha Wert beschrieben. Die Irrtumswahrscheinlichkeit legt fest, mit der die Nullhypothese fälschlicherweise abgelehnt wird, obwohl sie wahr ist. Der Alpha Wert (α) bei diesem Signifikanzniveau wurde bei 0,1 festgelegt. Je kleiner man α wählt, desto unwahrscheinlicher wird diese Fehlentscheidung. Die Chance, bei falscher Nullhypothese zu einer Ablehnung zu kommen, wird jedoch auch geringer Damit der kritische Bereich der Hypothesen berechnet werden kann, wird aus der Tabelle 2.4 der Freiheitsgrad errechnet. Der Freiheitsgrad errechnet sich aus $f = (l - 1) * (j - 1)$. Dabei bedeuten l die Spalten der Tabelle und j die Zeilen. In diesem Test liegt der kritische Bereich bei 2.7. Das heißt, dass die Nullhypothese (H0) abgelehnt wird, wenn X^2 größer als 2.7 ist und beibehalten, wenn X^2 kleiner als 2.7 ist. Im nächsten Schritt des Tests werden die Unabhängigkeitszahlen und die Prüfgrößen errechnet. Die Werte der Berechnungen sind in der nachfolgenden Tabelle dargestellt (Tabelle 3.4).

Tabelle 3.4   Unabhängigkeitszahlen und Prüfgrößen

Unabhängigkeitszahlen		Prüfgrößen	
ACTH Spiegel höher als Normalwert 35 ng/l	ACTH Spiegel niedriger als Normalwert 35 ng/l	ACTH Spiegel höher als Normalwert 35 ng/l	ACTH Spiegel niedriger als Normalwert 35 ng/l
20	10	0,8	1,6
20	10	0,8	1,6
40	20	1,6	3,2

Die hier errechneten Gesamtprüfgrößen (1.6 und 3.2) dienen zur Berechnung des X^2-Tests. Die Werte werden addiert und wir kommen zu einem Ergebnis von X^2 = 4.8. Dadurch können wir mit diesem Test aussagen, dass X^2 = 4.8 größer als 2.7 ist. Di Nullhypothese (HO) wird dementsprechend abgelehnt, da die Prüfgröße signifikant höher ist.

4.3 Konfidenzintervalle

Die letzte Untersuchung ist das Konfidenzintervall. Hierbei soll mit einer bestimmten Wahrscheinlichkeit ausgesagt werden, inwiefern eine Größe eine Zufallsvariable x sich innerhalb eines bestimmten Intervalls befindet. Es ist also der Bereich, der bei unendlicher Wiederholung des Experiments mit einer gewissen Häufigkeit die wahre Lage des Mittelwertes angibt. Es grenzt dadurch den Wertebereich des gemessenen Wertes ein.

Wenn wir diese Untersuchung mehrfach wiederholen würden, sollten die Werte auch in den nachfolgenden Untersuchungen im gleichen Bereich liegen.

In dieser Untersuchung wurde für beide Gruppen das Konfidenzintervall berechnet.

Tabelle 4.4   Konfidenzintervalle

Konfidenzintervall Gruppe 0		Konfidenzintervall Gruppe 1	
Mittelwert	42,633333	Mittelwert	35,966667
Standardabweichung	7,93508384	Standardabweichung	6,96889916
Umfang	30	Umfang	30
Alpha	0,1	Alpha	0,1
Konfidenz	2,38296766	Konfidenz	2,09281486
untere Grenze	40,2503653	untere Grenze	33,8738521
obere Grenze	45,0163007	obere Grenze	38,0594819

Tabelle 4.4 zeigt die Unterschiede der Konfidenzintervalle für die jeweiligen Gruppen. In Gruppe 0 liegt die untere Grenze bei 40 und die obere Grenze bei 45, ausgehend vom Mittelwert 42,6. In Gruppe 1 liegt die untere Grenze bei 33,8 und die obere Grenze bei 38, ausgehend vom Mittelwert 36. Mit einer 90 prozentigen Wahrscheinlichkeit, sollte zu mindestens bei erneuten Stichproben mit gleichem Umfang und aus der gleichen Population, der neu ermittelte Mittelwert zwischen diesen beiden Werten liegen.

V Diskussion

In dieser vorliegenden Hausarbeit sollte untersucht werden, ob die Beschäftigungsdauer einen Einfluss auf das Stressempfinden hat. Nach ersten Berechnungen innerhalb der zwei Gruppen konnte festgestellt werden, dass es signifikante Unterschiede gibt. Angefangen mit der Berechnung der Mittelwerte, des Medians und der Modalwerte, ist in Gruppe 0 ersichtlich, dass die Werte deutlich über dem Normalwert 35 ng/l liegen. In Gruppe 1 kann man erkennen, dass die Werte nah beim Normalwert liegen, der Modalwert sogar deutlich unterhalb des Normalwertes. Im weiteren Verlauf der Untersuchungen konnte festgestellt werden, dass deutlich mehr Personen aus Gruppe 0 (24 von 30 getesteten Personen) einen höheren ACTH Spiegel aufweisen. Die getesteten Personen aus Gruppe 1 halten sich hier die Waage. Rund die Hälfte der Teilnehmer liegt entweder über oder unter dem Normalwert. Es ist jedoch zu erkennen, dass diese Teilnehmer dennoch durchschnittlich leicht über dem Normalwert liegen. Anhand des durchgeführten Signifikanztests konnte die erste aufgestellte Nullhypothese abgelehnt werden. Die Berechnung des Chi-Quadrat-Unabhängigkeitstests sagte aus, dass der kritische Wert von 2.7, mit einer deutlichen Erhöhung von 4.8 überschritten wurde. Damit wurde die Nullhypothese abgelehnt und die Alternativhypothese angenommen.. Dies bedeutet, dass davon auszugehen ist, dass die Beschäftigungsdauer einen Einfluss auf das Stressempfinden hat. Bei der Untersuchung in der Marketingagentur ist davon auszugehen, dass die Fluktuation herrscht, da die Personen, die weniger lang im Unternehmen beschäftigt sind, deutlich mehr Stress empfinden als die, die schon länger dort arbeiten. Selbst im Falle von weiteren Untersuchungen, mit neuen Rohdaten aus dem eigenen Unternehmen oder mit Daten aus anderen ähnlichen Unternehmen, müssten die Ergebnisse mit einer 90 prozentigen Wahrscheinlichkeit wieder so ausfallen. Kann die Hypothese, ob es noch normal ist, dass die Beschäftigungsdauer solch einen Einfluss hat, hiermit also beantwortet werden? Ja und nein. In Hinblick auf die vorliegenden

Rohdaten, wurde die Untersuchung lediglich anhand der Beschäftigungsdauer und des ACTH Spiegels festgemacht. Es ist davon auszugehen, dass es nicht normal sein sollte, dass die Beschäftigungsdauer einen signifikanten Einfluss hat. Es kann in dieser Untersuchung davon ausgegangen werden, dass es sich lediglich um negativen Stress handelt. Ein Individuum kann jedoch auch positiven Stress erleben, den so genannten Eustress. Demnach könnte es auch sein, dass einige Personen in diesem Unternehmen einen höheren ACTH Spiegel aufweisen, da sie durch positive Ereignisse begleitet werden. Da in diesem Unternehmen jedoch eine hohe Fluktuation bei den neu eingestellten Arbeitnehmern herrscht, ist bei dieser Untersuchung eher von negativem Stress auszugehen. Stress ist ein biologischer Prozess, bei dem gegebene Umwelteinflüssen und Ereignisse bewältigt werden müssen. Anhand dieser empirischen Untersuchung lässt sich demzufolge erkennen, dass die Personen Gruppe 0 gewisse Ereignisse mehr bewältigen müssen, als die Personen der der anderen Gruppe. Forschungen zu Folge neigen demzufolge Personen der Gruppe 0 eher zu Krankheiten bzw. Erkrankungen. Der Organismus wird schneller geschädigt, dadurch kann es zu kurzfristigen Ermüdigungen und Gereiztheit kommen, sowie zu langfristigen Störungen.

Im Falle einer erneuten Untersuchung dieser Art und in diesem Unter-nehmen, sollten jedoch zusätzliche Variablen bedacht werden. Eine sehr wichtige Variable sollte das Alter der getesteten Personen sein. Eine Person, die diesen Beruf schon jahrelang ausübt, wird auf bestimmte Ereignisse anders und ruhiger reagieren, als eine Person, die gerade erst die Schule, Ausbildung oder Studium beendet hat. Im Zuge dessen sollte auch zum Alter klar definiert sein, wie lange die Person genau in diesem Unternehmen arbeitet. Geht man davon aus, dass sie gerade erst eingestellt wurde, ist die Anforderung an neue Programme, Systeme und Abläufe sehr hoch. Ein Faktor der schnell zu Stress führen kann. In dieser Untersuchung könnte davon ausgegangen werden, dass die Personen der Gruppe 0, die einen signifikant höheren ACTH Spiegel aufweisen erst seit Kurzem im Unternehmen arbeiten. Personen, deren ACTH Spiegel am Normalwert grenzen oder darunter liegen könnten in ihrer Beschäftigung eventuell nah bei der anderen Gruppe liegen. Durch diese nicht genau definierte Beschäftigungsdauer kann das Ergebnis eine leichte Verfälschung aufweisen. Des Weiteren dabei definiert werden, wie viele Personen sich regelmäßig krank melden und wie lange. Außerdem könnte eine erneute Erhebung solcher Daten

beim nächsten Mal mit mehr Personen durchgeführt werden. Durch eine Untersuchung mit mehreren Personen kann die Wahrscheinlichkeit höher werden, dass die Testergebnisse deutlicher werden.

VI Literaturverzeichnis

1) Däfler, Martin-Nils, Artikel vom 24.02.2015, Frankfurter Allgemeine Zeitung

2) Gerrig, Richard J. & Zimbardo, Philip G., Psychologie. 2008, Pearson Deutschland GmbH

3) http://psychologie.stangl.eu/definition/Stress.shtml (zuletzt besucht 06.01.2016)

4) http://stress.portal.bgn.de/8179/15090/6 (zuletzt besucht 06.01.2016)

5) http://de-adp.com/presse/presseveroeffentlichungen/enm/35346/1/adp-studie-the-workforce-view-in-europe-bestatigt-hohe-stressbelastung-gefahrdet-gesundheit-von-arbeitneh,ern-in-europa (zuletzt besucht 06.01.2016)

6) https://www.youtube.com/watch?v=appMpN59cH4 (zuletzt besucht 18.01.2016)

7) Krautan, Psychologisches Grundwissen für die Polizei, 2004, Psychologie Verlags Union

8) Mild, Marcel, Projektleiter im Stress, 2013, Diplomica Verlag

9) Schäfer, Dr. Thomas, Deskriptive und explorative Datenanalyse, 2015, Europäische Fernhochschule Hamburg GmbH

10) Schäfer, Dr. Thomas, Inferenzstatistik I, 2015, Europäische Fernhochschule Hamburg GmbH